武术基础拳

吴维叔 · 著

武术

北京时代华文书局

**图书在版编目（CIP）数据**

武术基础拳 / 吴维叔著 . -- 北京 ：北京时代华文书局，2020.1
ISBN 978-7-5699-3286-7

Ⅰ . ①武… Ⅱ . ①吴… Ⅲ . ①长拳－套路（武术） Ⅳ . ① G852.121.9

中国版本图书馆 CIP 数据核字（2019）第 255694 号

# 武术基础拳
**WUSHU JICHU QUAN**

著　　者｜吴维叔

出 版 人｜陈　涛
选题策划｜陈丽杰
责任编辑｜陈丽杰　汪亚云
封面设计｜程　慧
内文排版｜曼路文化
摄影摄像｜陈菊仙
电脑编辑｜吴青萍
视频剪辑｜龙为光
演示讲解｜吴维叔　徐有根
责任印制｜刘　银　范玉洁

出版发行｜北京时代华文书局 http://www.bjsdsj.com.cn
　　　　　北京市东城区安定门外大街 138 号皇城国际大厦 A 座 8 楼
　　　　　邮编：100011　电话：010 - 64267955　64267677
印　　刷｜永清县晔盛亚胶印有限公司　　电话：0316-6658663
　　　　　（如发现印装质量问题，请与印刷厂联系调换）

开　　本｜787mm×1092mm　1/16　印　张｜7　字　数｜86 千字
版　　次｜2020 年 3 月第 1 版　　印　次｜2020 年 7 月第 2 次印刷
书　　号｜ISBN 978-7-5699-3286-7
定　　价｜29.00 元

摄像与照片摄影：陈菊仙

作者带领部分学生在公园晨练

作者对浙江部分地区的体育老师进行培训，学习武术基础拳

作者在杭州萧山区金惠初中教授武术基础拳

# 目录

# 第一部分 综合简述

# 一、前言

武术是中国传统文化的一部分，是我国优秀的文化遗产之一，是中华民族灿烂文明百花园中的一朵奇葩。它是我们这个民族所特有的，是一种民族形式的体育活动。几千年的发展使中华武术具有健身、防身、养身、修身、娱乐、审美等多种社会功能，并与哲学、易经、军事、教育学、医学、戏曲等互相渗透而使它属于体育但又高于体育，所以它越来越受到国内外的重视和欢迎。近年来武术又被国家列为七个重点扶持项目（足球、武术、田径、游泳、篮球、排球和体操）之一。能够入围的都是在世界范围内受注意度较高的运动，而武术的入围也正说明了国家对本土"自主"项目的重视。日本的空手道，韩国的跆拳道，泰国的泰拳都曾受到过中国武术的影响，所以在中国的武术套路中也都能找到这些外传动作的招式。因为在古代，中国作为泱泱大国曾多次并大量派高手到这些地方去传技。日本空手道鼻祖曾直言不讳地说过空手道来源于中国嵩山少林寺的十八罗汉手。

武术的定义是以技击动作（踢、打、摔、拿、跌、击、劈、刺）为主要内容，以基本功、套路和格斗为主要运动形式，并注重内外兼修的中国传统体育项目。武术的"武"字是由"止"和"戈"组成，"戈"是中国古代的一种兵器，所以"武"字是表示制止武力的方法。武术和体操、舞蹈都是人的肢体运动，同时也表达肢体语言，但所不同的是，武术是讲攻防的，所以它的每一个动作都必须要有攻防含意（攻防作用），并具有特定的攻击目标。武术提倡习武者自强不息，强身健体，修养身心，遵守社会公德，尊师重道，厚德载物，持危济困，止戈禁暴。武术锻炼者应把德放在第一位，练武术是一种人格的修炼，德为艺先。数千年来，许多习武之人成为国家和民族的英雄和栋梁，远的如岳飞、戚继光等；近的如练过八卦掌并功夫不低的周恩来总理，出自少林寺的前南京军区司令许世友上将和前浙江军区司令钱均中将等都为中国革命和建设做出了巨大贡献。人民解放军南下时，少林寺德禅法师亲自送弟子数人参军入伍，英勇作战，屡立战功受到部队嘉奖。在我国革命和建设历史进程中，又有无数武林人士投入其中，做出了非凡业绩，例子举不胜举。在社会刑事案件中，习过武却触犯刑法的人可以说是寥寥无几。一般来说，习过武的人其武德和道德水准都较高。现代武德已成为社会主义职业道德和社会主义精神文明建设的一部分。现代武德必将推动武术运动向健康的方向发展，从而造福于社会，造福于人民。

　　能够在今天完成一套适合大家学习的拳术，我首先必须要感谢浙江省体育旅游产业促进会会长、原杭州市体育局局长赵荣福先生，是他在浙江省复兴国术馆的年会上提议要我去编一套适合并方便大家学习的拳术，并提了些具体的建议，这样才使我的思路朝着这个方向去思考并努力地付诸行动，要不然就不会有这套拳的诞生。所以在这里我再一次向赵荣福先生表示感谢！同时我也要感谢浙江省复兴国术馆的馆长尹可磊先生，展演团团长张平先生，他们为武术基础拳的推广不辞劳苦地组织教学活动，并衷心期盼《武术基础拳》早日出版，使学者可以早日用书翻阅对照巩固所学，同时又方便教学。这本书从写作到修改校对共用了7个月时间，由于本人能力和水平有限，若有不足之处，望广大读者们指正并多提宝贵意见，同时也希望广大读者能喜欢上这本书。

## 二、这套拳的套路结构和锻炼作用简述

这套基础拳融合了我国传统武术套路长拳中我所学过的练步拳、功力拳、罗汉拳、八极拳、弹腿、查拳等动作。长拳的风格特点是它出手或出腿时以放长击远为主要特征，并配合拧腰顺肩以加长击打点，追求"长一寸强一寸"的技击效果。它以快速灵活、舒展大方、节奏分明、刚柔相济而著称。这套武术基础拳中包含直拳、横拳、甩拳、反冲拳、栽拳等拳法；包含刺、平切、立切、压、劈、刁等掌法；包含绞、拨、拦、挂、压、托、缠拿等手法；包含滚肘、顶肘之肘法和撞靠之身法；还包含蹬、踢、侧蹬、挂趟之腿法。所以这套拳对人的锻炼比较全面，能起到内练精气神，外练手眼身，内修德育智育，外修强身健体的作用。整套拳共分成3路，每一路都可以独立成为一套拳。整套拳共24个动作，每一路8个动作。每一路的8个动作中，以4个动作打过去，再以4个动作打回来折返到起势原位；而每一路中往返的4个动作也可以各自独立成为一节，以适合不同层次年龄段的练习者循序渐进地练习。把3路拳连起来练习就是一个24式动作的长套路，也可以把第一路和第二路，或者第三路连为一套拳来练习，还可以把第二路和第三路连为一套拳来练习，练习方法可以随心所欲。由此看来，这套拳的结构构思巧妙，可适合小学、中学、大学各种年龄段的练习者和其他武术爱好者。第一路到第二路和第三路的动作由简到难逐步提高，小学生不会嫌其难，中

学和大学生不会嫌其易。因为这些基础动作都是每个年龄段的学武者，不管其过去有否学过武术都必须掌握的基本功。所以这套拳具有很广泛的适应性，利于推广；并对培养练习者吃苦耐劳的精神、集体主义思想，强身健体，提高学习成绩，促进德育修养，以及社会主义精神文明建设，都具有积极推动作用。

该书视频中有套路演练、详细的动作讲解及攻防用法，还有如何深化动作练习的提示。文字上对每个动作做法和攻防用法也写得深入仔细，加上详细附照和视频讲解，以便于广大读者能更深入地理解，更好更快地学会和巩固。在浙江复兴国术馆的组织下，我已对浙江一些地区的体育老师进行了武术基础拳的培训，他们对这套拳有好评。2017年11月开始又在杭州萧山区金惠初中进行武术基础拳的教学推广，学校领导非常支持。学校大力弘扬武术精神、武术文化，引导金惠学子培养以爱国主义为核心的尚武精神和武德情操，塑造完善人格，以武养德、以武励志、以武悦心，这是学校"传承经典，弘扬国粹"课程的一部分。每堂课校领导和教师都亲自参加学习，从刚入学的240名学生中先选出30余名代表参加学习，再由这些代表回到班级里每人带领7个同学学习，到时这240名学生再集中培训纠正。今后随着新学生不断进校，队伍还将不断扩大，大家热情都很高，学习武术将成为该校的特色。

# 三、注意事项

1. 书中讲到的"转身""转腰""腰胯转动""侧身"和转身是同一意思。转身是为了便于闪避、防守和进攻，并顺动作的势，增加进攻的冲击力。

2. 凡是以脚跟或脚前掌为轴拧转，手掌手臂画弧及手掌、臂、拳自身的拧转，如果是按顺时针方向走的称为"顺转""顺时针拧转""顺时针画弧"；如果是逆时针方向走的则称为"逆转""逆时针拧转""逆时针画弧"。

3. 套路动作方位表达有东、南、西、北，A、C、B、D，东A、南C、西B、北D三种方法，练习者可各取所需。

4. 为了教学的方便，套路中的大多数动作都由数张照片组成，即由数个分动作（小动作）组成，学会动作后应该把它们连贯起来做。

5. 每个动作须出手对准人体攻防中心线（从头顶向下到尾闾的连线），并和鼻尖及前面的腿的膝盖这三者向前的延长线"三尖相对"以守住自己的中心线，以利于攻防。三尖相对也有和前面脚尖相对的，那是那些弓步前面脚尖朝前的拳。但传统套路中前面脚尖是内扣45°的，以保护自己小腿迎面骨使之不太暴露，所以三尖相对中应对前面腿的膝盖向前的延长线。出手的侧立掌掌尖应对鼻尖。拳或掌向前出击时手臂不能伸得太直，以防被敌所制。手臂应稍弯曲成"似直非直，似曲非曲"的状态。

6. 凡是拳心朝上，拳的掌沿部分自然贴合在腰侧，并且肘自然后顶的，称为"拳抱腰"。凡是掌心朝上，掌沿自然贴合在腰侧，并且肘自然后顶的，称为"掌抱腰"。

7. 套路中的每个动作都是单侧的，练习者可以将它们的另一侧的动作形式及攻防用法推理出来，进行动作左右侧的周而复始的单式及攻防练习。而且也可以酌情不断改变套路动作中的步型进行练习，可以按出手出脚都是同一侧的顺式练，也可以按出手出脚都是身为异侧的拗式练，还可以把套路动作变化成左右单式后配合进步、退步、左转步、右转步来练习，做到套路动作的死招活练活用，为攻防的临场应变打基础。这样练有利于动作的熟悉和理解，有利于攻防，也能增加练习的兴趣。

8. 两人在练动作的攻防用法时要注意适度，注意安全，特别是要害部位，只能点到为止，防止伤害，切记！

9. 幼儿和儿童蹲马步的时间不要太长，因为身体还没发育好，如要体验一下可蹲10余秒钟。如果是练套路中出现的马步动作则不要紧，因为这时出现的时间很短。

10. 上步的目的是为了缩短和对方的距离，增加进攻冲击力，使自己以进为闪，同时也可以封住对方的脚或插裆。

11. 这套武术基础拳的每一路可独立成章，把三个套路连起来就成为一个24式的长套路。具体连法只要把第一路的动作10"收势"和第二路的动作1"预备势"去掉，直接把第一路的动作9"马步横打"去连接第二路的动作2"马步弓步连击拳"；再把第二路的动作10"收势"和第三路的动作1"预备势"去掉，直接把第二路的动作9"滚肘、顶肘"去连接第三路的动作2"独立横打"即成。

12. 在练习套路时应该步型清楚，但在把动作运用到实战中去时，一般没有明显的弓、马、仆、歇、虚等步型，只有重心虚实的变换，如重心或偏前，或偏后，或偏左，或偏右及进、退、左、右、中，即前进、后退、向左、向右、中定。也就是说没有那样到位的弓、马步等步型。实战中运用的是从套路中抽出来的最基本的手法、步法、腿法加身法。它不一定是套路中具体某一动作的重现，应根据实战临场变化来灵活运用套路中的基本攻防要素。

13.练习场地应空气较好。有弄堂风、屋檐风，地方狭小、空气流速快的地方不要练，如乱箭穿身。

14.饭后1小时才能练习，练完后不要马上食生冷之物。

15.不要锻炼过度，以防止疲劳伤身。

16.练习前应做好准备活动，如膝关节操等，练完后也做一些收势活动和膝关节操，防止运动损伤。

第二部分 手型与步型

# 一、手型　编号 S

## 1. 拳（S1）

　　五指曲卷内收，大拇指压在食指和中指第二节上，拳面拳背须平整，这是捏拳的方法。拳的用法可以向前直冲，或者由上向下或由下向上勾打，还可以向左右两侧摆击或勾击。拳臂还有上托下压和向左右两侧拦拨的防守功能。单个拳臂还具有攻防皆备（防中有攻，攻中有防）的功能。如当对方用手向我攻来时，我小臂拳能有向上下左右擦防对方攻来之手臂并同时向前进攻的功能。

（1）立拳（照片S1-1）：大拇指朝上，拳心朝向一侧的拳称为立拳。

（2）俯拳（照片S1-2）：拳心朝下的拳称为俯拳。

（3）仰拳（照片S1-3）：拳心朝上的拳称为仰拳。

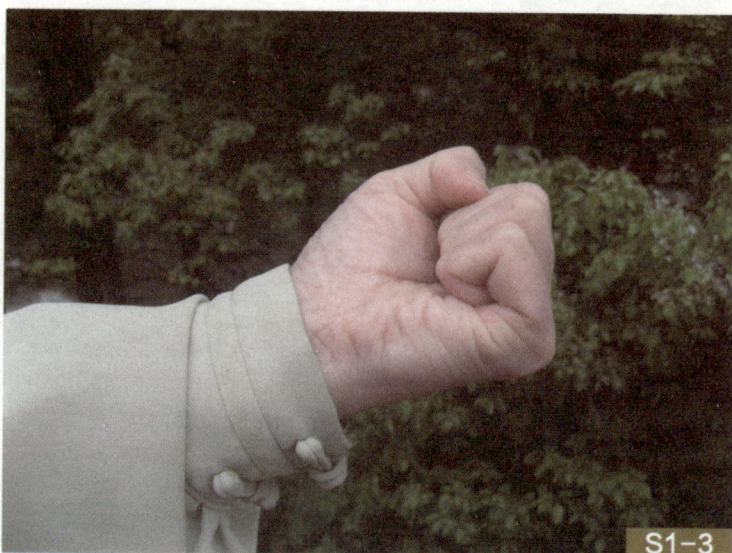

S1-3

（4）反冲拳（照片S1-4）：大拇指朝下，拳心朝向一侧的拳称为反冲拳。

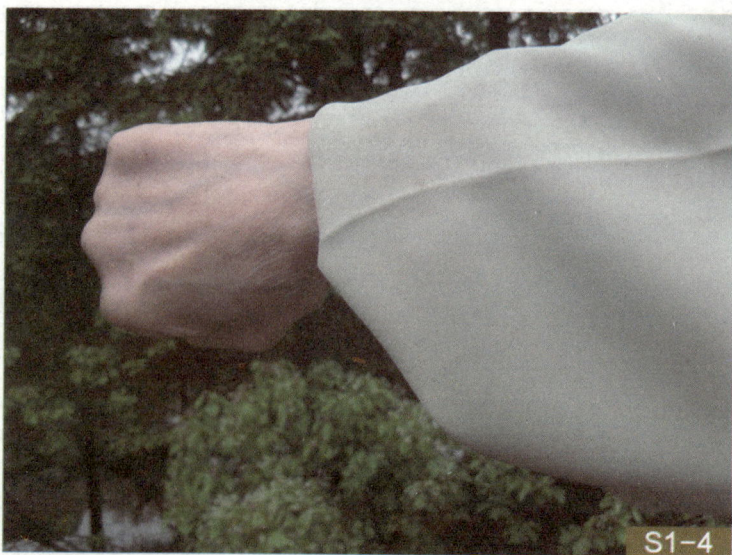

S1-4

## 2. 掌（S2）

四指并拢伸直，大拇指曲向掌心方向勾拢，这是成掌的方法。掌的小指一边叫作掌沿。掌尖向前运动可做直刺动作，掌沿向前挺出可做出平推切和立推切的进攻动作，掌沿挺出并水平朝向一侧运动可做平劈动作，掌沿挺出并向一侧斜下运动可做斜劈动作，掌沿挺出并垂直向下运动可做直劈运动，掌可抓住对方腕臂拧转实施反关节。掌臂和拳臂一样具有上托下压和向左右两侧拦拨的防守功能。单个掌臂和拳臂一样也具有攻防皆备（防中有攻，攻中有防）的功能。如当对方用手向我攻来时，我小臂掌能有向上下左右擦防对方攻来之手臂并同时向前进攻的功能。

（1）侧掌（照片S2-1）：大拇指这一边朝上，掌心朝向一侧的掌称为侧掌。

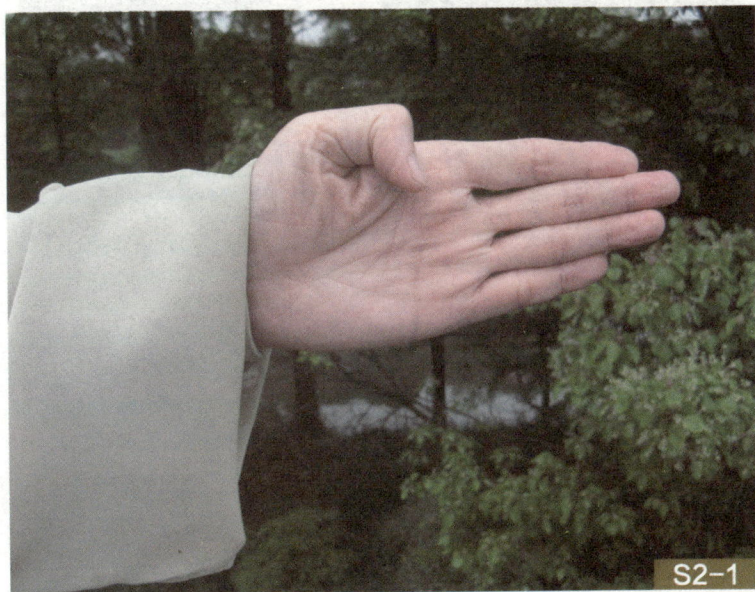

S2-1

（2）侧立掌（照片S2-2）：以坐腕使掌竖起，并使掌心朝向一侧，掌沿部分朝向前的掌称为侧立掌或者立切掌。套路中的"绞手"动作用的是侧立掌。它是手掌先从裆前向上提穿，并先以掌心朝内然后向外转掌使掌心朝外掌沿挺出成侧立掌，并掌尖约对鼻尖。绞手是防守中拦格对方攻来之手的一种方法。侧立掌还可以利用掌沿向左右两侧拦格开对方攻手。侧立掌利用掌沿部分向前立推切可做进攻对方用。

S2-2

（3）俯掌（照片 S2-3）：掌心朝下的掌称为俯掌。

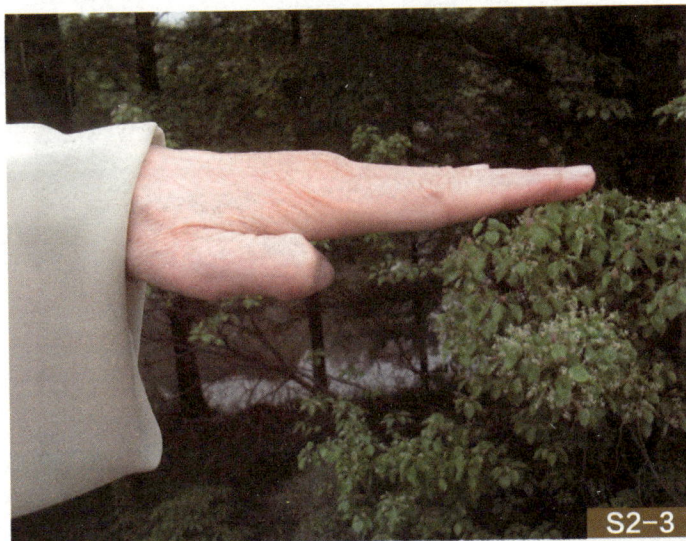

（4）平切掌（照片 S2-4）：以掌心朝下横在身前并使掌沿向前挺，利用掌沿部分向前平推切的掌称为平切掌。

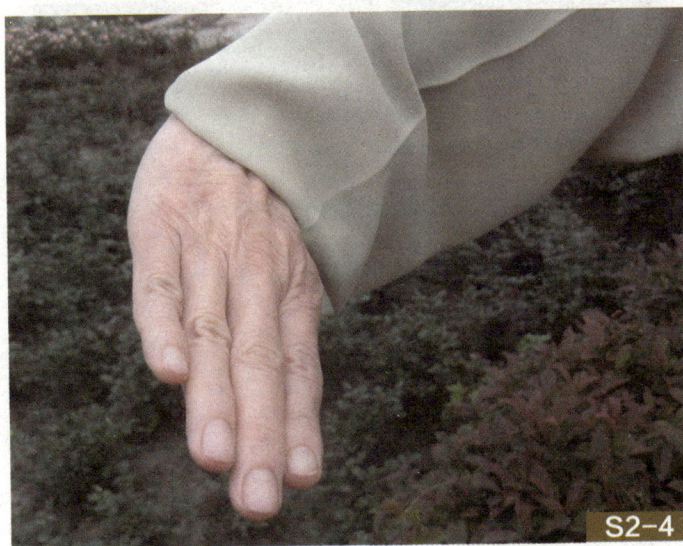

（5）仰掌（照片 S2-5）：掌心朝上的掌称为仰掌。

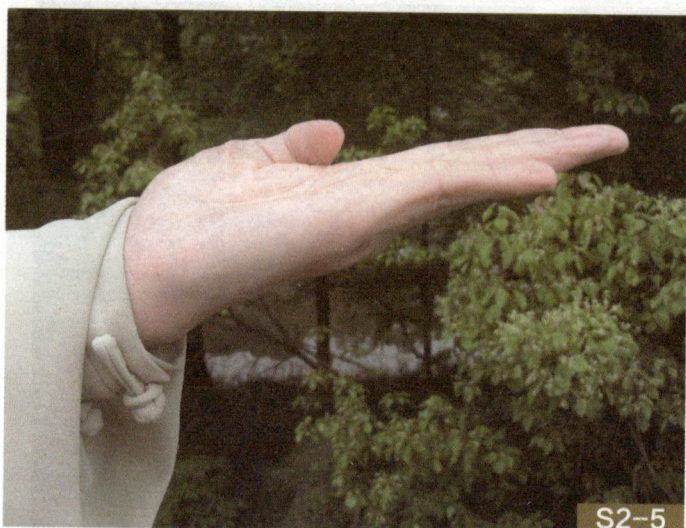

S2-5

（6）平劈掌（照片 S2-6）：以掌心朝上的仰掌使其朝向一侧的掌沿挺出并向这一侧平劈的掌称为平劈掌。

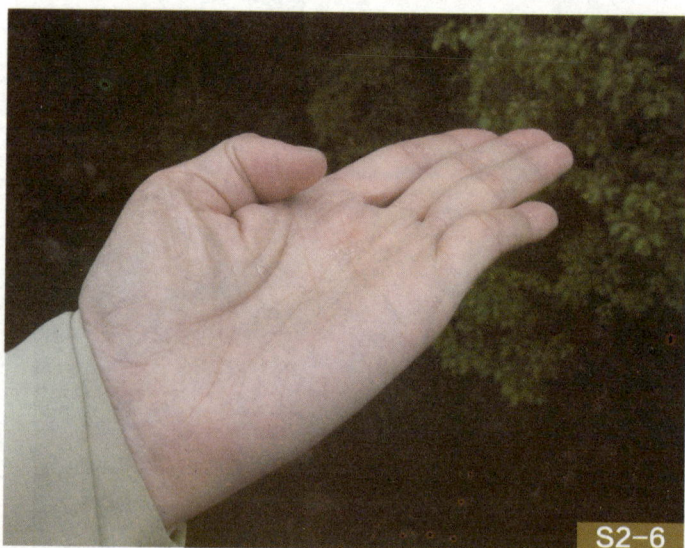

S2-6

## 3. 勾手（S3）

勾手是利用腕力把5个或2至3个指尖抓捏在一起成钩形，它能攻能防。它利用手指尖一瞬间抓捏时产生的爆发劲攻击人的眼、脸和身上各处要害；它还能刁勾开对方攻来之手，当我手腕被对方抓住时还可利用勾手的勾劲和手腕的拧转劲来脱手，运用时灵活多变。

（1）勾手（照片S3-1）：手腕自然弯曲，五指尖抓捏在一起。也有大拇指尖和食指尖抓捏在一起，中指、无名指和小指随势向掌心自然弯曲的二指抓捏的勾手；也有大拇指和食指、中指尖抓捏在一起，无名指和小指随势向掌心自然弯曲的三指抓捏的勾手。

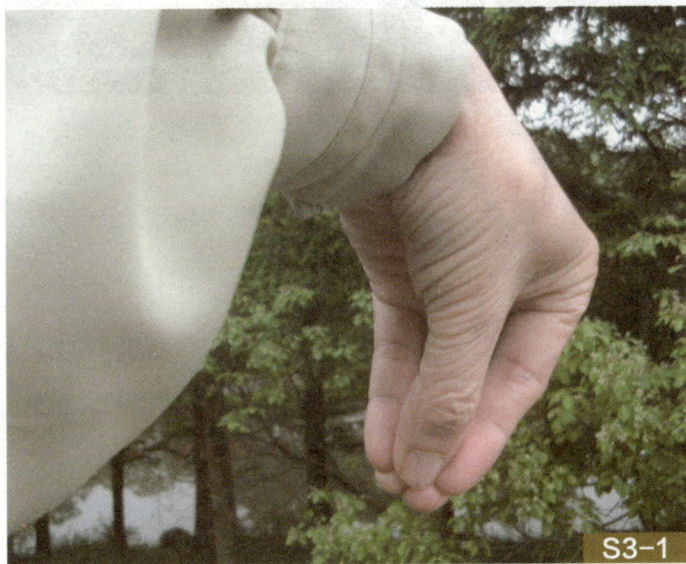

S3-1

（2）刁勾手（S3-2）：手腕自然弯曲，大拇指尖只和食指尖抓捏在一起，中指、无名指和小指这三指与食指自然并拢并不向掌心弯曲。

S3-2

## 1. 弓步（照片 B1）

前腿弓形，小腿垂直地面，大小腿交角约 135°，前脚内扣约 45°，前膝盖和脚尖朝向一致；后腿挺直又称后腿蹬直，后脚脚尖外撇 45°，前后两脚跟在一条直线上。传统武术中弓步前弓形腿的大小腿交角为 135°，而竞赛套路是 90°。90°要造成起步困难，向前发力易受阻，膝

B1

盖易受损，属于体操化。当弓步和向前进攻的手是同一侧时，这时的弓步叫作顺弓步（即同脚同手），简称弓步，如左弓步左手冲拳可简称为左弓步冲拳。当弓步和向前进攻的手不是同一侧（即互为异侧）时，这时的弓步叫作拗弓步（即反脚反手），如左弓步右手冲拳可称作为左拗弓步冲拳。如果弓步时两手同时向前进攻，那这时的弓步没有顺和拗之分，就称作弓步双冲拳或弓步双推掌等。上步弓步可缩短和对方的距离并增加进攻冲击力，上步可封住对方的脚或插裆，也可以进为闪。

## 2. 马步（照片B2）

两腿曲膝半蹲，两脚之间间距约为自己的脚的3脚半空档并平分体重，

B2

两脚尖朝前，两膝盖和各自相对应的脚的脚尖朝向一致。

### 3. 仆步（照片 B3）

两脚全脚着地，一腿曲膝全蹲，脚尖外撇接近 90°（膝盖和脚尖朝向一致）；另一腿自然伸直（膝微曲）接近地面，脚尖内扣。

## 4.歇步（照片B4）

两脚前后交叉并曲膝全蹲，臀部坐后面腿上，前脚全脚着地并脚尖外撇约45°，后脚脚跟离地并脚前掌着地。

## 5. 虚步（照片 B5）

后支撑腿曲膝半蹲承重，后支撑脚全脚着地并且脚尖外撇不超 45°，支撑腿膝盖和脚尖朝向一致；另一腿向前伸出并膝盖微曲，前伸脚脚背崩平，脚尖内侧虚踮地。

B5

## 6. 丁步（照片 B6）

双腿曲膝并拢半蹲，一脚全脚着地做支撑脚，另一脚以脚尖跐地并靠近支撑脚内侧。

B6

## 7. 插步（照片 B7）

插步是交叉步的一种，一脚从另一脚后面倒插一步并伸直后腿，后脚脚前掌踮地；前腿曲膝成弓形，前脚全脚着地并脚尖外撇约 45°，前膝盖和前脚尖朝向一致。

B7

## 8. 独立步（照片B8）

支撑腿独立承重并自然伸直膝微曲，支撑脚全脚着地并脚尖外撇约45°；另一腿曲膝提起，大腿高于水平，脚底靠近独立腿，脚背崩平并且脚尖朝下护裆前。

B8

## 9.平行步站立（照片B9）

两腿直立分开并膝微曲，两脚着地平分体重，两脚尖朝前，两脚外沿约齐肩宽。

B9

## 10.并步站立（照片B10）

两腿并拢站立并膝微曲，两脚着地平分体重，两脚尖朝前。

B10

## 11. 八字步（照片 B11）

前腿曲膝成弓形，前脚尖外撇约 45° 并全脚着地，前腿膝盖和脚尖朝向一致；后腿自然伸直，后脚全脚着地，脚尖外撇不超过 45°，前后两脚距离约弓步一半或再小些。八字步是个过渡性步型，为上步做准备，并和绞手转腰等手法身法配合起到侧身闪避和防守作用。做八字步是以脚尖带路向一侧作约半个弧形"绕迈"而成。做此动作时必须夹裆，这里的夹裆指两大腿近根处自然相贴封（闭）裆，必须注意的是"自然相贴"。如果这一过程中开裆则不利于武术攻防，不利于对对方向我进攻的侧身闪防和反击。实际运用时，当对方攻来并一脚踩在自己裆前时如距离过近感到绕某一脚的八字步不便时，可酌情一脚后退一下用另一脚绕迈八字步。八字步既是一种重要的步型，也是一种重要的步法，在武术攻防中的作用非常重要。

B11

# 第三部分

## 武术基础拳套路部分

# 一、第一路　动作编号 A

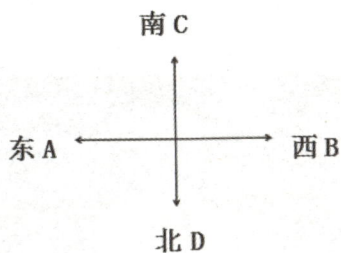

南 C

东 A ←——————→ 西 B

北 D

## 1. 预备势（向南 C）

（1）并步站立（照片 A1-1）：两脚并拢，两脚尖朝前，两膝微曲；两臂自然向下垂挂，两掌心向内自然贴合在两大腿外侧；头身正直，两肩平，两眼向前平视。

A1-1

（2）两拳抱腰并步站立（照片 A1-2）：在前面并步站立的要领基础上，两掌变拳抱腰，两拳拳心朝上，两拳的掌沿部分自然贴合在两腰侧，同时两肘自然向后顶，两眼向前平视。

A1-2

## 2. 绞花抱掌（太极势）（向南 C）

（1）上下穿掌（照片 A2-1）：左脚向左侧迈开使两脚外沿如肩宽处落步成平行步站立势，两膝微曲；同时原抱腰的左拳变掌并以掌尖带路向右胸腋前下穿，左掌心斜向左下，同时随动原抱腰的右拳变掌并以掌尖带路向左胸上穿，右掌心向里，左掌在里，右掌在外，左掌在下方，右掌在上方，眼观两穿掌前。

A2-1

（2）顺时针弧形绞花（照片 A2-2，A2-3，A2-4）：原平行步站立势不变，原左掌继续向下→向左→向上→向右，同时原右掌继续向上→向右→向下→向左，两掌同时走顺弧绞花，并同时两掌自身拧转（左掌逆拧转约 270°，右掌顺拧转约 180°），并且两掌走弧的左右间距不要太大，以不超两肩宽为好，最后以左侧立掌至胸前，左掌心向右，左掌尖约对鼻尖，右掌至裆腹前，右掌心向左，右掌尖朝下，眼观左侧立掌前。

A2-2

A2-3

A2-4

（3）怀抱双掌（照片 A2-5）：原平行步站立不变，上下两掌同时稍向身内回收，使原左侧立掌成俯掌约齐胸高，左掌指尖向右侧，同时原右掌成仰掌约齐腹高，右掌尖指向左侧，两眼由原观左侧立掌前变成向前平视。

"绞花抱掌"攻防用法：

"绞花抱掌"又称"怀抱双掌"，在传统武术的"练步拳"中称"太极势"。两手顺时针或逆时针绞花的动作属于传统武术中的"穿花手"。"穿花手"是武术的精华，动作虽简单但有多种攻防用法。因为传统武术中有许多动作是会意的，动作虽简单，但所包含的攻防内容丰富。

（1）做缠臂反关节用：①当对方用右手攻我胸，我左掌向下封粘其右腕，同时右掌向上封粘其右肘弯，并我左掌向下→向左→向上→向右，同时我右掌向上→向右→向下→向左，两掌同时走顺时针绞花向对方实施缠臂反关节然后上步将其向前掷出。②当对方用左手攻我胸，我左掌向下封粘其左腕，同时右掌向上封粘其左肘弯，我两掌同前用法①顺时针绞花向对方实施缠臂反关节然后上步将其向前掷出。注意：顺拧缠对方左臂反关节伤害大，两人练习时要注意适度、幅度小，点到为止，防止伤害。③当对方用右手攻我胸，我左掌向下封粘其右腕臂；如其复用左手攻我，我右掌向上封粘其左腕臂，然后我两掌粘住其两臂不离开并做顺时针拧缠后上步将其向前掷出。

（2）做撞靠或刺喉眼用：①当对方用右手攻我胸，我用右手防开并粘住其右腕臂向我身左下侧引带，同时我上右步使我从其身外侧进入其身内侧；同时我用左俯掌近刺其喉或眼，或者我左掌成侧立掌置右肩前，同时用我身右侧、右胯，左肩等向其撞靠。②当对方用左手攻我胸，我用右手防开并粘住其左腕臂向我身左下侧引带，同时我上右步使我从其身内侧转到其身外侧；同时我用左俯掌近刺其喉或眼，或者同用法①向其撞靠。注意：两人练习做刺喉眼及撞靠动作时应注意安全。

（3）做化开打击用：当对方用左手或右手攻我胸，我左掌向下粘压住其腕臂，同时我右掌用掌背这一面击打其胸腋、下颌或头脸部。也可我右掌以掌心朝外将其攻手托起，同时我左掌用掌背这一面击打其胸腋或裆腹部。

（4）做防腿抱腿摔掐喉（或刺喉眼）用：当对方用腿踢我，我向左侧身让开，同时用右掌向左下拦格其攻腿并同时用右掌臂托抱住其攻腿，同时我身体向其胸贴靠，同时用我左手掐其喉或者近刺其喉眼，使其向后倒地。

（5）做防上防下用：凡是我两手在绞花过程中出现一手在上另一手在下的情况时，那么我这时在上面的手可做防上拦拨开对方攻势，那么我这时在下面的另一只手可作防下拦拨开对方攻势，然后即刻向其进攻。

## 3. 左弓步平切掌（平心掌）（向东 A）

（1）右脚尖扣转（照片 A3-1）：原怀抱双掌先不动，原平行步站立的右脚以脚跟为轴心脚尖内扣约 45°，同时身体也跟着左转，两眼由原观身前南 C 变成了观东 A。转脚是为了方便后面做动作。

A3-1

（2）左拗弓步刺掌（照片A3-2）：左脚向前跨出成左弓步，同时左俯掌压右腋前，左掌尖向右，同时右仰掌从左俯掌掌背上面经过向前约齐胸高处穿刺，同时身左转，眼观右仰掌掌尖前。

A3-2

（3）左弓步平切掌（照片A3-3）：原左弓步不变，原右仰掌收回变拳抱腰，同时左平切掌向前约齐胸高处推切，同时身右转侧身，眼观左平切掌前。

A3-3

"左弓步平切掌"攻防用法：

（1）当对方用左手攻我，我右掌粘封其左臂然后我右掌向前滑刺其心窝，同时我上左弓步，再右掌回收同时我左平切掌推切其心胸。

（2）当对方用右手攻击我，我左俯掌向下压住其右攻手，同时我右掌向前刺其心窝，同时我上左弓步，再右掌回收同时我左平切掌推切其心胸。

## 4. 左拐臂右弓步冲拳（向东Ａ）

（1）左八字步左拐臂（照片Ａ4-1）：右拳仍抱腰，左脚收回半步并绕迈成左八字步，同时原左平切掌变拳回收并左拐臂置左耳前侧，左拳心向后，左拳面约齐眉高，左肘朝下，眼观左拐臂前。

A4-1

（2）上步右弓步冲拳（照片A4-2）：原左拐臂不变，右脚上步成右弓步，同时原抱腰的右拳向前约齐胸高处冲出成俯拳，眼观右俯拳前。

"左拐臂右弓步冲拳"攻防用法：

（1）当对方用右手攻我，我左脚八字步同时用左拐臂防开，我上右弓步，我在其身体内侧同时用右俯拳击其胸或头。如果我在其身内侧用左拐臂防开其右手进攻，其复用左手攻我胸或头时，我右拳小臂从其左臂内侧擦防（外拦）或者从其左臂外侧擦防（向内压），同时我右俯拳向前击其胸或头。这样使我右拳臂攻中有防。

（2）当对方用左手攻我，我左脚八字步同时用左拐臂防开，我上右弓步，同时我在其身体左外侧同时用右俯拳击其左胸腋或头。

## 5. 马步鸳鸯掌（向东 A）

（1）右八字步左右分掌（照片 A5-1）：右脚稍收回成右八字步，同时两俯掌约以齐胸高向左右前侧方分开且不要分太大，两掌沿向外突，同时身稍右转，眼观两分掌前方。

A5-1

（2）上步双叉掌（照片 A5-2）：左脚上步还未全脚着地，这时左脚前掌踮地，同时向右侧身，同时两掌回收交叉于胸前，使左掌在外右掌在内。两掌心向内，眼观两叉掌前。

（3）马步鸳鸯掌（照片 A5-3）：原左踮脚全脚着地成马步，同时在向左转身中两掌转成侧立掌向前推切，使在前面的左侧立掌掌心向右，掌尖约对鼻尖，在后面的右侧立掌掌心向左并置左臂内侧的左肘窝边，眼观左侧立掌前。

"马步鸳鸯掌"攻防用法：

（1）当对方用左手或右手攻我，我用右掌可向左或者向右拨拦，同时上左步成马步，同时我左掌向前推切其胸。

（2）当对方用两手推击我胸，我两掌将其两手向外稍分开后并抓住其两腕臂，我左手逆拧缠，同时我右手顺拧缠，对其实施反关节后我两手交叉将其两臂向上提起再上左步成马步，将其向前掷出。

## 6. 转身右拗弓步左撩掌（向西 B）

（1）右后转右弓步右掌上托（照片 A6-1）：左脚以脚跟为轴心脚尖内扣约 45°，同时向右后转身，同时右脚稍前移成右弓步，同时右掌向上托架约高过头顶，右掌心向前；同时原左侧立掌落左胯边，左掌心向前，眼观身前。

A6-1

（2）右拗弓步左撩掌（照片 A6-2）：右弓步不变，左掌向身前下撩击约齐腹高处成仰掌（掌心稍斜向前下）；同时原右上托掌下落成俯掌向下轻击拍左小臂近肘窝处，右俯掌掌尖向左，眼观左撩掌前。

A6-2

"转身右拗弓步左撩掌"攻防用法：

对方从我身后攻来，我右后转身并上右弓步同时用右掌上托防开其攻势，并用左撩掌向前下、向上撩击其裆部，或抓其下阴，或刺其腹部。同时原右上托掌下落护左小臂待机进攻。

## 7. 右虚步冲拳（向西 B ）

右虚步右冲拳（照片 A7）：重心后移左腿成支撑腿并曲膝半蹲承重，同时右脚约收回半步成右虚步，同时原左撩掌变拳收回抱腰，同时原身前右俯掌变成俯拳向身前约齐胸高处冲出，同时身左转，眼观右俯拳前。

A7

"右虚步冲拳"攻防用法：

（1）此式和前面一式连用，当我撩其裆后对方要做出反应，我即刻用右虚步冲拳击出，使自己退中寓攻。

（2）当对方攻势很猛，我用左拳在身前逆拧转并回收向左外侧压防开对方攻手，同时我重心后移成右虚步同时用右俯拳向其击出。

## 8. 左弓步双冲拳（向西 B）

（1）左丁步双拐臂（照片 A8-1）：身右转，右脚稍收回，并利用收回的惯性轻蹬地助力，左脚上前到右脚内侧使脚尖踮地成左丁步；同时随动两手臂拐臂向右横格置胸前，两拳心向内，两拳面约齐眉高，两肘朝下，两拐臂之间外沿距离不超胸宽，同时身右转，眼观两拐臂前。

A8-1

（2）上步左弓步双冲拳（照片A8-2）：左脚上步成左弓步，同时两拐臂拳向前约齐胸高处冲出成俯拳，两拳外沿宽不要超过胸宽，眼观两俯拳前。

A8-2

"左弓步双冲拳"攻防用法：

（1）当对方用手攻我胸或头，或用左高边腿向我攻来，我用双拐臂并向右转身防开其攻势后即刻上左弓步并用双拳向其冲击。

（2）当对方用双手攻我胸，我可用双拐臂从其两臂中间进入并将其两臂稍向外分开后，我即刻上左弓步同时用两拳向前击其胸。或者我两臂从外向内下夹压其两臂后，我即刻上左弓步同时用两拳向前击其胸。

## 9.马步横打（向西B）

（1）左脚八字步左拐臂（照片A9-1）：身左转，同时右拳收回抱，同时左脚收回半步绕迈成八字步，同时左拐臂向身左侧拦格，左拳心向右（朝里），左拳面约齐眉高，左肘朝下，眼观左拐臂前。

A9-1

（2）上步马步右横勾拳（照片A9-2）：原左拐臂拳收回抱腰，同时右脚向前扣步上步成马步，同时原抱腰的右拳向身左前侧横勾打，右拳心斜朝前下，高度约齐太阳穴高，同时向左侧身，眼观右横勾拳左前侧。

A9-2

（3）右拗弓步压打（照片 A9-3）：重心移右脚成右弓步，右臂回收横压于胸前，右拳心朝下；同时原抱腰的左拳从右横臂上方经过向前约齐胸高处冲出成俯拳，同时身右转，眼观左俯拳前。

A9-3

（4）马步横拳（照片 A9-4）：重心后移成马步，同时原左俯拳回收抱腰，原胸前右俯拳顺转约 90° 成立拳并和右臂配合向身右侧约齐胸高处横向摆击，同时身左转侧身，眼观右立拳前。

A9-4

"马步横打"攻防用法：

当对方用手攻来，我用左拐臂防开并上右步成马步，同时用右横勾拳击其太阳穴或后脑。然后用左冲拳，再右横臂拳向其连击。当对方用左手攻来，我用右拳臂将其向下压防，同时身右转成右弓步，同时左俯拳向前击其胸或头，再身左转并用右横臂拳横摆击其腰胸腹部。

## 10. 收势（向南 C）

（1）两拳抱腰并步站立（照片 A10-1）：原右横拳收回抱腰成两拳抱腰，同时左脚向右脚靠拢并起立成并步站立，两眼向前平视。

（2）并步站立（照片 A10-2）：原抱腰的两拳变掌向下垂挂并使两掌心向内自然贴合在两大腿外侧，两眼向前平视。

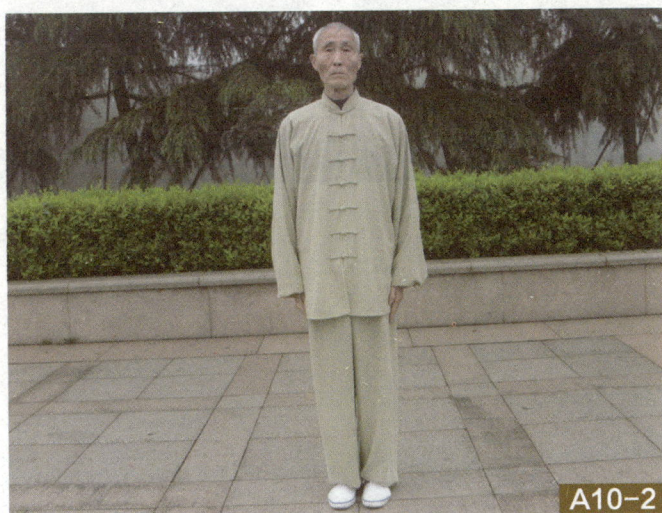

# 二、第二路　动作编号 B

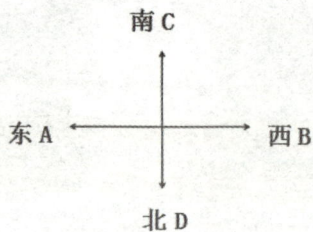

南 C

东 A ←——————→ 西 B

北 D

## 1. 预备势（向南 C）

（1）并步站立（照片 B1-1）：两脚并拢，两脚尖朝前，两膝微曲；两臂自然向下垂挂，两掌心向内自然贴两大腿外侧；头身正直，两肩平，两眼向前平视。

B1-1

（2）两拳抱腰并步站立（照片B1-2）：在前面并步站立的要领基础上，两掌变拳抱腰，两拳的拳心向上，两拳的掌沿部分自然贴合在两腰侧，同时两肘自然向后顶，两眼向前平视。

B1-2

## 2. 马步弓步连击冲拳（向东 A）

（1）马步冲拳（照片 B2-1）：原左拳仍抱腰，左脚向左侧扣步迈出成马步，同时随身左转原抱腰的右拳变成侧立掌向身左前拦拨，右掌心向左，右掌尖约对鼻尖；同时原抱腰的左拳从右侧立掌掌心边经过向前约齐胸高处冲出成俯拳，右侧立掌护左小臂内侧，眼观左俯拳前。

B2-1

（2）左拗弓步冲拳（照片 B2-2）：身左转成左弓步，同时原左俯拳稍回收并同时逆拧转约180°成仰拳向下翻压后回收抱腰，同时原右侧立掌变拳向前约齐胸高处冲出成俯拳，眼观右储拳前。

B2-2

"马步弓步连击冲拳"攻防用法：

（1）当对方用右手攻我，我用右掌向左侧拨开其右攻手，并且我上左步成马步，同时我在其身内侧用左俯拳击其胸或头，继而左转身成左弓步收回左拳同时用右俯拳击其胸或头。或者我用马步冲拳防开其右攻手并向其进攻后，其复用左手向我攻来，这时我用右拳小臂在其身内侧将其左攻手小臂内侧擦防开并用我右俯拳击其头；或者我右拳小臂从其左攻手小臂外侧擦压防开并用我右俯拳击其头。

（2）当对方用左手攻我，我右掌向左将其左攻手防开并上左步成马步，同时我在其身左外侧用左俯拳击其左胸腋或头，继而左转身成左弓步收回左拳同时用右俯拳击其左胸腋或头。

（3）当对方用右手或左手攻我，我用左拳逆转并回收向左下压防开其攻手，同时上左弓步用右俯拳向其冲击。

### 3. 蹬腿冲拳（向东 A）

右蹬脚左冲拳（照片 B3）：左脚以脚跟为轴心逆拧转使左脚尖外展约90°，这样左脚尖由原先内扣约 45° 变成了外展约 45° 并为右蹬脚做准备；以左腿为支撑腿独立承重并自然伸直膝微曲，右腿膝盖向上顶起高于腰再使右脚脚尖向上勾起并以右脚跟为力点向前约齐胸腹高处蹬出，同时原冲出的右俯拳收回抱腰，同时原抱腰的左拳向前约齐胸高处冲出成立拳，眼观左立拳前。

B3

"蹬腿冲拳"攻防用法：

（1）直接先发制人，在对方身内侧用右脚蹬其裆、腹或胸，并同时用左立拳冲击其胸或头。用右脚跟蹬对方心窝叫"窝心腿"。

（2）对方如用左手攻我，我右拳由身前顺拧转并回收向右侧压防开其左攻手，同时我在其身内侧用右脚蹬其裆、腹或胸，并同时用左立拳击其胸或头。

（3）对方如用右手攻我，我用右拳向右侧翻压防开其右攻手，同时我在其身右外侧用右脚蹬其右腰腹或右胸腋，并同时用左立拳击其头。

## 4. 马步架打（向东 A）

马步左上托架右冲拳（照片 B4）：原右蹬脚扣脚向前落步同时向左侧身成马步，同时原冲出的左立拳顺拧转约 180° 同时向上托架置额前上并高于头顶，左拳心朝外，同时原抱腰的右拳向身右侧东 A 约齐胸高处冲出成立拳，眼观右立拳前。

备注：马步架打动作中的左拳臂上托架必须托架至额前上才能起防守格挡作用。千万不要托架至头顶上，因为这样起不到防守格挡作用。切记！

B4

"马步架打"攻防用法：

（1）当对方用右手攻我胸或头，我用左拳臂向上托架防开，同时我向左侧身并在其身内侧上右步成马步同时用右立拳击其胸或头。如果对方攻我是左手，我在其左外侧用左拳臂向上托架防开，并同时向左侧身上右步成马步同时用右立拳击其左胸、腋或头。

（2）当对方用右手横勾拳击我左太阳穴或者后脑时，我用左拳臂向上托架防开，同时我向左侧身并在其身内侧上右步成马步同时用右立拳击其胸或头。

### 5. 左弓步侧身双冲拳（向东 A）

（1）蹬地左丁步下截带（照片 B5-1）：在向右侧身的带动下，原右扣脚稍提起稍收回并脚尖外展约 135° 成外撇 45° 向下轻蹬地，同时随动左脚上前到右脚内侧并以左脚尖踮地成左丁步；同时两拳臂从上向前下向右下弧形回引至右胯前侧，两拳心向里，左拳面斜向身后，右拳面斜向身前，两拳间距约 15 厘米左右，眼观身前。

（2）上步左弓步侧身双冲拳（照片 B5-2）：左脚上步成左弓步，同时身体仍以原右侧身形向左弓步前斜倒；同时随动原右胯前侧的左拳逆拧转约 180° 并以立拳形向前约齐胸高处冲出，同时右拳逆拧转约 180° 并以反冲拳形向前约齐头高处冲出，两拳心朝向右外，两拳虎口上下相对，两拳间距约一小臂距离。

"左弓步侧身双冲拳"攻防用法：

（1）①当我右手击对方，被其右手抓住，这时我右手反抓住其右腕臂；然我用左手抓住其右肘部分将其向我身右侧下牵引使其重心失控，当其要回拉保持平衡，我趁势上左弓步同时将其腕臂部向上提起并向前掷出使其后跌。

B5-2

②当对方用右手攻我，我右侧身让开，我在其身右外侧同时用右手抓住其右腕臂，同时用左手抓住其右肘臂将其向我身右下牵引后如其要回拉保持平衡，我趁势上左弓步并将其腕臂部向上提起并向前掷出使其后跌。

（2）或者将其攻手向我身右下侧牵引后，我即刻上左弓步同时身体向前斜倒同时用身右侧身双冲拳（左立拳在下击其胸或胸腋部，右手反冲拳在上击其头）向其击出。

（3）或者当对方用脚向我裆、腹部蹬踢来时，我右侧身同时两拳臂向我右下侧挂拦引开其腿攻势后，我即刻上左弓步同时身体向前斜倒同时用右侧身双冲拳（左立拳在下击其胸或胸腋部，右手反冲拳在上击其头）向其击出。

（4）①当对方用左手攻我，我向右侧身让开，我在其身内侧同时用右拳臂（拳心朝外）粘搭住其左腕臂向右上提托至约齐耳高，即刻我上左弓步并侧身同时两拳向前粘进击其胸和头。②当对方用右手攻我，我向右侧身让开，我在其身右外侧同时用右拳臂（拳心朝外）粘搭住其右腕臂向右上提托至约其耳高，即刻我上左弓步并侧身同时两拳向前粘进击其右胸腋和头。

备注：侧身双冲拳，按双方身材高低，拳架高低，可击其腹或胸，胸或头。

## 6. 转身左弓步冲拳（向西 B）

（1）右后转身右八字步右绞手（①B6-1，②B6-2）：①右后转身，左腿弓形不变，左脚以脚跟为轴心顺拧转使左脚尖内扣约90°成左脚尖外撇45°；同时左拳抱腰，原右拳臂向身右下侧拦截于右大腿上方，右拳心朝下，眼观身右侧前。②左拳仍抱腰，右脚收回半步绕迈成右八字步，同时身右转右绞手，右侧立掌掌尖约对鼻尖，眼观右侧立掌前。

B6-1

B6-2

（2）上步左弓步冲拳（照片 B6-3）：左脚上步成左弓步，原右侧立掌抓握成拳并顺拧转成仰拳回收抱腰，同时向右侧身，原抱腰的左拳向前约齐胸高处冲出成立拳，眼观左立拳前。

B6-3

"转身左弓步冲拳"攻防用法：

对方如用拳从我身后攻来，我右后转身，同时用右绞手右八字步闪防开其攻势，或防开后再顺拧缠并引直其臂，同时我上左弓步，同时用左立拳击其胸或胸腋及头。我也可右后转身用右拳臂向右下拦截对方攻我较低的拳或腿，然后继续用上步左弓步冲拳向其进攻。

## 7. 右仆步下压掌（向西 B）

（1）左八字步左绞手（照片 B7-1）：左脚收回半步绕迈成八字步，同时身左转左绞手，左侧立掌掌尖约对鼻尖，眼观左侧立掌前。

B7-1

（2）右仆步下压掌（照片 B7-2）：右脚向前扣步上步，同时左腿曲膝全蹲，右腿自然伸直（右膝微曲）成右仆步；同时随动原左侧立掌变拳向下牵拉于右腹前下，左拳心朝里，同时随动原抱腰的右拳变侧掌并以右掌沿向下挺出为力点向前→向下→稍回引下压于右大腿近膝内侧，眼观右侧掌前。

备注：由于做仆步时腹部压力增加，所以这时应把自然呼吸调为吐气，利用下蹲成仆步这一过程同时把气吐出来减少腹内压力。

B7-2

"右仆步下压掌"攻防用法：

当对方用左手攻我，我在其左外侧向左侧身并且同时用左绞手防开并抓住其左腕，同时我右掌封住其左肘，上右步重心后下蹲成右仆步，同时将其向我左侧下牵引使其向前下跌仆。如果对方用右手攻我，我在其身内侧用这一式抓封其右腕肘并逆缠其臂下压牵引危险性大，练习时注意点到为止。

## 8. 右拗弓步平劈掌（向西B）

（1）起身右绞手（照片B8-1）：起身，右脚以扣步向身右侧迈开约半步成右弓形步，左后腿仍弯曲，同时随动左拳抱腰，同时右绞手，右侧立掌掌尖约对鼻尖，眼观右侧立掌前。

B8-1

（2）右拗弓步平劈掌（照片B8-2）：在右转身的带动下左后腿伸直成右拗弓步，同时原右侧立掌变拳抱腰，同时原抱腰的左拳变仰掌向身前右侧约齐脖高处平劈，右仰掌掌沿向右挺出，眼观右仰掌。

"右拗弓步平劈掌"攻防用法：

当对方用手攻我，我上右步成右弓步，同时用右绞手防开其攻手；或再抓住其腕臂顺拧缠并引直其臂，同时用左掌向右平劈其颈或脸。

## 9. 滚肘、顶肘（西B→向南C→向西B）

（1）左绞手（照片B9-1）：原右拗弓步不变，右拳仍抱腰，原平劈的左仰掌回收作左绞手成左侧立掌，左侧立掌掌尖约对鼻尖，眼观左侧立掌前。

B9-1

（2）右丁步滚肘（照片B9-2）：在左转身的带动下重心移左脚，同时左脚以脚跟为轴心逆拧转使左脚尖外展约45°使其朝向南C，左腿弓形，

B9-2

右脚靠向左脚内侧并右脚尖踮地成右丁步；同时随动原左侧立掌变拳逆拧转约180°成仰拳并回引左腹前，同时原抱腰的右仰拳逆拧转180°成俯拳并同时由右向左带动右小臂外侧做滚肘动作，并使右小拳臂压合到左小拳臂上，右俯拳拳面下置左小臂肘窝处，眼观两合臂滚肘前。

（3）右弓步顶肘（照片B9-3）：右脚向身右侧西B处迈出成右弓步，同时右肘平肘向前西B约齐胸高处顶出并不要耸肩，同时右转身，右俯拳拳面向后，同时左立掌以掌心朝前并以掌心按在右拳面上向前助推右顶肘，眼观右顶肘前。

B9-3

"滚肘、顶肘"攻防用法：

（1）当对方用左手攻我，我在其左外侧用左绞手防开并抓住其左腕逆拧缠并引直其左臂，同时用右拳臂封压住其左肘向我左侧下牵引滚压，再用我右肘向前直顶其胸或左胸腋。

（2）或者我左手逆缠其左攻手，同时用我右小臂外侧向左前侧滚打其左腰侧后再用我右肘向前直顶其胸或左胸腋。

## 10. 收势（向南 C）

（1）两拳抱腰并步站立（照片 B10-1）：身稍左转，同时右脚以脚跟为轴心逆拧转使脚尖内扣约 45° 并使右脚尖朝前向南 C，同时起身并左脚向右脚靠拢成并步站立，原左立掌变拳并逆转约 90° 成仰拳回收抱腰，原右俯拳顺转约 180° 变成仰拳回收抱腰，两眼向前平视。

B10-1

（2）并步站立（照片 B10-2）：仍并步站立，原抱腰的两拳变掌向下垂挂并使两掌心向内自然贴合在两大腿外侧，两眼向前平视。

B10-2

# 三、第三路 动作编号 C

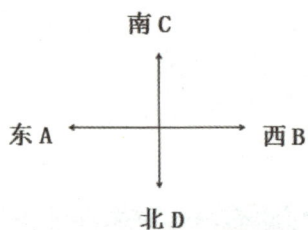

南 C

东 A ←———→ 西 B

北 D

## 1. 预备势（向南 C）

（1）并步站立（照片 C1-1）：两脚并拢，两脚尖朝前，两膝微曲。两臂自然向下垂挂，两掌心向内自然贴合在两大腿外侧，头身正直，两肩平，两眼向前平视。

C1-1

（2）两拳抱腰并步站立（照片 C1-2）：在前面并步站立的要领基础上，两掌变拳抱腰，两拳拳心向上，两拳的掌沿部分自然贴合在两腰侧，同时两肘自然向后顶，两眼向前平视。

C1-2

## 2. 独立横打（向东 A）

（1）转右脚（照片 C2-1）：原两拳抱腰不动，右脚以脚前掌为轴逆拧转约 45°，同时右脚跟外推使右脚尖变成外撇 45°，同时身左转，眼观身前东 A。

（2）左脚八字步左绞手（照片 C2-2）：右拳仍抱腰，右脚向前迈半步绕迈成八字步，同时身左转左绞手，左侧立掌掌尖约对鼻尖，眼观左侧立掌前。

（3）左脚八字步右臂拐格（照片C2-3）：原左脚八字步不变，原左侧立掌变拳逆转约180°成仰拳回收抱腰，同时右拐臂向左向身前拐格，右拳心朝里，右拳面约齐鼻尖高，眼观右拳前。

C2-3

（4）左独立横打（照片C2-4）：以左腿为支撑腿独立承重并自然伸直膝微曲，右提膝成左独立步，同时身右转；同时原右拐臂拳逆拧转约90°成立拳，并随身右转向右侧约齐胸高处弧形横向摆击，右拳心向外；同时原抱腰的左拳顺拧转约270°成反冲拳并同时向上，向右经额前上方向右弧形摆击置额右上前方，左拳大拇指朝下，左拳心向外，眼观右立拳前。

C2-4

备注：做"左独立横打"时，置额前上的左反冲拳不要举得太高，因为它不是手臂向上托架，而是随身右转来帮助右横拳发劲，当近身贴靠时也可用左反冲拳向右近击其头。

"独立横打"攻防用法：

（1）①当对方用左手攻来，我向左侧身并左八字步让开，我在其身外侧用左绞手缠抓其左腕，同时右小臂封压其左肘并向我左后侧牵引，然后我用右横拳臂向右横击其头或胸，如果对方此时离我近那我上扬的左反冲拳也可击其头。②当对方用右手攻我，我向左侧身让开，我在其身内侧用左绞手缠抓其右腕，同时右小臂封压住其右肘弯处并向我左后侧牵引，并同时我提右膝向上顶撞其胸腹，然后我右横拳臂向右横击其头或胸，如果对方此时离我近那我上扬的左反冲拳也可击其头。

（2）或者我直接用右拐臂防开其左攻手后，用右横拳横击其胸或头。

（3）当对方用脚蹬踢我裆腹部时，我右提膝防其腿，同时我右横拳横击其胸或头，左拳上扬可给其假象。

### 3. 歇步亮掌左侧蹬（向东 A）

（1）左歇步亮掌（照片 C3-1）：身右转同时右脚向身前东 A 方向以脚尖外撇45°的八字步落地踏实使两腿成前后交叉，身体下坐两腿曲膝全蹲，臀部坐左后腿上，左脚前掌踮地成歇步；同时随动原额上左拳变成勾手向身前下、向左、向左上反勾，勾尖向上，同时原右横臂的右立拳变掌回收胸前（掌心朝里，这时左勾手正从置胸前的右掌里面向下穿过）后再逆转约180°成掌沿朝上并同时向上托架至额前上成歇步亮掌形并眼观身前。

C3-1

（2）左侧蹬（照片 C3-2）：原左反勾手和右亮掌不变，起身以右腿为支撑腿独立承重并自然伸直膝微曲，同时身体向右后外侧斜倒；同时使左腿曲膝向上平提起约齐腰胯高，并且使左膝盖朝向右侧，再以左脚跟或者脚底为力点向身左侧前东 A 处以齐胸腹高处蹬出，左脚外侧帮约平行地面，左脚尖朝向右侧或者稍斜向右下，眼观左侧蹬脚前。

C3-2

"歇步亮掌左侧蹬"攻防用法：

（1）侧蹬在攻防用法上可先发制人向对方突然攻击。攻击高度有低、中、高。正面进攻可攻击对方小腿迎面骨、膝盖、支撑腿、胸腹，或者头。侧面进攻可攻击对方膝关节内外侧、侧胯、腰或胸腋。

（2）当对方用腿踢我，我身稍下蹲同时用左反勾手向我左侧由下向上将其腿向我左外侧托防开后即刻起身用左侧蹬向其攻击。

（3）当对方用腿踢我，我向右侧身同时我左腿曲膝向上平提并拦托对方攻来之腿后即刻向前侧蹬其支撑腿。

（4）a.如果对方用手攻我，我用左刁格手将其攻手向我左外侧防开，同时我用左侧蹬向其攻击。b.如果对方用手攻我，我也可用右亮掌向右上托防开其攻手，同时我用左侧蹬向其攻击。c.如对方用右手攻我，我用左刁格手将其右攻手向我左外侧防开，同时其复用左手攻我，我用右亮掌向右上托防开其左攻手，同时我用左侧蹬向其攻击。

## 4. 右踢脚击拍，连环推切掌（向东 A）

（1）左八字步左绞手（照片 C4-1）：原向右后侧斜倒的身体向前起身并左转，同时原左侧蹬脚回收并绕迈成左八字步、原左勾手变成左绞手、原右亮掌变拳回收抱腰。左侧立掌掌尖约对鼻尖，眼观左侧立掌前。

C4-1

（2）右踢脚击拍（照片 C4-2）：原左侧立掌变拳抱腰，以左腿为支持腿独立承重并自然伸直膝微曲，同时右膝盖向上顶起高于腰再使右脚以脚前掌或者脚尖为力点向前约齐胸腹高处踢出，同时原抱腰的右仰拳逆转成俯掌向上升起于右耳侧前边后以掌尖朝前向前并以右掌心拍击右脚背，使右俯掌有向下拍击和向前刺的技击内容，眼观向前击拍的右掌和右踢脚前。

（3）右拗弓步左立切掌（照片 C4-3）：原右踢脚向前落步成右弓步，同时原右俯掌回收变拳抱腰，同时原抱腰的左拳变成掌向前约齐胸高处立推切成左侧立掌，眼观左侧立掌前。

（4）右弓步右立切掌（照片C4-4）：原右弓步不变，原左侧立掌变拳回收抱腰，同时原抱腰的右拳变成掌向前约齐胸高处立推切成右侧立掌，眼观右侧立掌前。

C4-4

"右踢脚击拍，连环推切掌"攻防用法：

（1）当对方用右手攻我，我用左绞手防开后或再抓其右腕臂逆缠，同时我在其身内侧用右脚踢其裆腹，同时用右俯掌向前拍击其头顶或刺其喉眼。然后右脚前落成右弓步，同时我用左右两侧立掌向其连环推切其胸。

（2）当对方用左手攻我，我右俯掌向我右耳侧边上提起并防开其左攻手，同时我在其身内侧用右脚踢其裆腹，同时用右俯掌向前击拍其头顶或刺其喉眼。然后我右脚前落成右弓步，同时我用左右两侧立掌向其连环推切其胸。

## 5. 连环拳（三环套月）（向东Ａ）

（1）右八字步右拐臂（照片 C5-1）：原左拳仍抱腰，原右弓步的右脚收回半步绕迈成右八字步，同时原身前右侧立掌变拳回收并自下向右上弧形拐格成右拐臂，右拳心向左，右拳面约齐眉高，右肘下垂，同时身右转，眼观右拳前。

（2）马步上下分挂（照片 5-2）：左脚向前扣步上步并右侧身成马步，同时随动原抱腰的左仰拳顺拧转约 180° 成俯拳并用其拳面向身前右侧约齐太阳穴高处横勾击后向下拦截于裆前，左拳心向内，同时原右拐臂拳回收置左肩前，右拳心向内，两拳臂成上下分挂形，眼观身左侧前。

（3）左弓步甩打（二郎担山）（照片C5-3）：身左转，同时成左弓步，同时原左拳从裆侧向左上约齐头高处甩打，左拳心向右，同时原置左肩前的右拳向身后右下约齐裆高处甩击，右拳心向右，两臂约成一条斜直线，眼观左拳前成二郎担山势。

C5-3

"连环拳（三环套月）"攻防用法：

（1）击打：①当对方用右手攻我，我用右拐臂将其右攻手向我右侧防开，然后我在其身右外侧上左步成马步同时用左横勾拳击其右太阳穴或者后脑，再用左甩拳击其头或左太阳穴。②或者我先发制人直接用右拳先向右前横甩击其头，然后用左横勾拳和左甩拳依次连击其头。③或者我用右上拐臂防其高攻势，用左臂下挂防其手腿对我的低攻势后即刻用左甩拳击其头。

（2）撞靠：我如用上下分挂防开对方攻势后，我上左步封其脚或插裆，同时用前后分拳臂助力，同时用我身左侧、左胯、左肩、左臂等向其撞靠，如果其退后一步卸我力，我趁机用左臂拳击其胸或头。

## 6. 翻身左弓步双推掌（向西 B）

（1）右后翻身左丁步双压掌（照片 C6-1）：右后转身使身体由原朝向东 A 变成朝向西 B，同时随动左脚以脚跟为轴心顺拧转并使左脚尖内扣约 90° 左右来帮助右后转身；然后右脚回收半步于身前轻蹬地，同时左脚上前至右脚内侧以左脚尖踮地成左丁步，同时原做"二郎担山"动作时的两拳回收腹前变掌，并同时两掌向上升于脸前再向下压于腹前回收抱腰，眼观身前。注意在完成两拳收回腹前变掌，再向上升然后下压腹前回收抱腰的动作，要和身右后转同时左脚扣转，再右脚蹬地，左脚上步成左丁步的动作上下协调，上肢和下肢的动作大家同时开始同时结束。

C6-1

（2）上步左弓步双推切（照片C6-2）：左脚上步成左弓步，同时原抱腰的两仰掌向前约齐胸高处立推切成双侧立掌，眼观两侧立掌前。

C6-2

"翻身左弓步双推掌"攻防用法：

（1）当对方从我身后用单手或双手攻来，我右后转身并用双掌向下压采对方攻手后，上左弓步同时用双侧立掌向前推其胸。

（2）①当对方用双掌推我胸，我用两臂内侧粘夹住其两手臂，并身体向下松沉成左丁步，同时我沉肘并两掌以掌心朝下稍下按卸其力；然后我上左弓步，同时两掌向前推切其胸。②或者当对方用双掌推我胸时，我双掌在其身内侧向外粘住其臂并稍向两侧分开，并身体向下松沉成左丁步，同时我沉肘并两掌以掌心朝下稍下按卸其力；然后我上左弓步，同时两掌向前推切其胸。

## 7. 进步挂趟（向西 B → 向东 A）

（1）右扣脚上步右拦掌（照片C7-1）：原左弓步内扣约45°的脚先不动，右脚尽量内扣向前上步（或者在右扣脚向前落步时，左后脚以脚前掌为轴心逆拧转使左脚尖稍外撇），同时身左转；同时随动原右侧立掌稍回收并同时向身左侧拦拨，右侧立掌掌心朝外掌尖约齐鼻尖，同时原左侧立掌稍回收并在右掌前成两掌相交叉，左掌心朝外，左掌尖斜向右，两掌臂以两小臂近腕处为交合点，眼观两交叉掌前。

C7-1

（2）左插步刁勾手（照片 C7-2）：身继续左转，同时随转左脚插右脚后并以左脚脚前掌踮地成左插步，同时随动左掌竖起并用左掌指向左侧外

C7-2

下方刁勾（勾尖朝下），并使左刁勾手以齐胸高向左侧后东 A 处引带；同时随动原右侧立掌向外顺拧转并同时贴住左刁勾手小臂前部回抽至右腰侧，并以右掌沿贴住右腰侧成右掌抱腰势，眼观左刁勾手前方。

（3）右腿后滑趟右侧立掌前推（照片 C7-3）：右脚向身右侧后 30°处贴地后滑趟成右大腿伸直，同时身继续左转，同时随动原左刁勾手继续向身左侧后西 B 下方引带成左勾尖朝上的反勾手，同时随动原抱腰的右掌向前约齐胸高处的东 A 立推切成右侧立掌，右侧立掌掌尖约对鼻尖，眼观右侧立掌前。

C7-3

"进步挂趟"攻防用法：

当对方用左手攻我，我上右扣步并同时向左侧身让开，同时用右侧立掌掌心向左侧拦其左臂，同时我附右腕前的左掌向上抓住其左臂成拳形（或用刁勾手抓捏），随着我继续左转腰将其左臂向我身左侧后牵引，同时我左脚插右脚后再我右脚向身后插入对方裆内并向后滑趟，同时我右掌向前推其背或头。这样用一前一后的剪刀力使其向前跌扑。如果我左手用拳形或者刁勾手型抓捏住其左臂挂趟，对方跌扑在我身右侧前下方；如果我左手将其左臂牵引后放开，对方可向我身前跌扑得更远些。

## 8. 转身虚步拐臂，右弓步冲拳（向西 B）

（1）右后转身右虚步拐臂（照片 C8-1）：原左弓步以左脚跟为轴心顺拧转约 90°，同时用右脚前掌顺拧转来帮助右后转身，同时随动右脚收回约半步成右虚步；同时随动右臂向身前上拐起右拨，右拳心向左，右拳面约对鼻尖，同时左掌护右小臂近腕处，眼观右拳前。

C8-1

（2）右上步左拨掌（照片 C8-2）：右脚上步，但还未形成右弓步这时左后腿弯曲，同时随动原右拐臂拳稍回收胸前，同时原左掌以侧立掌向右拳前右方拨拦，眼观左侧立掌前。

C8-2

（3）右弓步冲拳（照片C8-3）：重心向前成右弓步，同时右立拳经过左侧立掌掌心边向前约齐胸高处冲出，左侧立掌护右小臂内侧，眼观右立拳前。

C8-3

"转身虚步拐臂弓步冲拳"攻防用法：

（1）当对方从身后向我攻来或抓住我右肩，我右后转身用右拐臂将其攻手防开后即刻上右弓步，同时我右拳向其胸或头部冲击。

（2）①当对方用直拳或连击直拳向我攻来，我用左侧立掌可向左或向右将其攻手拦拨，同时上右弓步并用右拳向其冲击。②当我用左侧立掌防开其连击直拳后，其如用左手横勾拳击我右太阳穴或后脑时，我可急向前进躲避其锋芒，同时我原身前做拦拨用的左侧立掌回收右耳侧向右拦拨其左横勾拳，同时用右立拳击其胸或头。或者我变成第二路的动作4"马步架打"的反式，我向右侧身同时提起右拳臂向上托架其左横勾拳防开，同时我上左扣步成马步，同时用左立拳击其胸或头。③如果当我用左侧立掌防开其连击直拳后，其用右横勾拳击我左太阳穴或后脑时，我这时可用第二路的动作4"马步架打"，我速左侧身成马步并提起左拳臂向上托架防开其右横勾拳，同时用右立拳击其胸或头。这样可以培养自己对套路招式和基本要素的灵活运用及临场应变。

## 9. 绞花抱掌（太极势）（向南 C）

（1）转脚上下穿掌（照片 C9-1）：右腿仍曲膝成弓形，右脚以脚跟为轴心逆拧转使脚尖内扣约 45° 使其朝向南 C，同时身左转并朝向南 C，同时左腿由伸直变成弯曲；同时随动原左侧立掌回收胸前并以掌尖带路向右胸腋前下穿，左掌心斜向左下，同时随动原右立拳变掌回收胸前并以掌尖带路向左胸上穿，右掌心向里，左掌在里，右掌在外，左掌在下方，右掌在上方，眼观两穿掌前。

C9-1

（2）平行步站立顺时针弧形绞花（照片 C9-2，C9-3，C9-4）：起身并同时左脚向右脚靠拢半步成平行步站立，同时原左掌继续向下→向左→向上→向右，同时原右掌继续向上→向右→向下→向左，两掌同时走顺弧绞花，并同时两掌自身拧转（左掌逆拧转约 270°，右掌顺拧转约 180°），

C9-2

C9-3

C9-4

并且两掌走弧的左右间距不要太大，以不超两肩宽为好，最后以左侧立掌置胸前，左掌心向右，左掌尖约对鼻尖，右掌置裆腹前，右掌心向左，右掌尖朝下，眼观左侧立掌前。

（3）怀抱双掌（照片C9-3）：原平行步站立不变，上下两掌同时稍向身内回收，使原左侧立掌成俯掌约齐胸高，左掌尖指向右侧，同时原右掌成仰掌约齐腹高，右掌尖指向左侧，两眼由原观左侧立掌前变成向前平视。

C9-5

"绞花抱掌"攻防用法：

请参照"第一路"动作2"绞花抱掌"攻防用法。

## 10. 收势（向南 C）

（1）两拳抱腰并步站立（照片 C10-1）：左脚向右脚靠拢成并步站立，同时原身前左俯掌和右仰掌变拳抱腰，两眼向前平视。

（2）并步站立（照片 C10-2）：原抱腰的两拳变掌向下垂挂并使两掌心向内自然贴合在两大腿外侧，两眼向前平视。

武术礼仪

# 武术礼仪

武术礼仪是传统武术文化的一部分，它不但提升了练武之人的素质、社会生活的品质，而且还丰富了传统武术的内涵。数千年来被历代王朝所推崇的礼文化是儒家思想的重要组成部分，并成为植根于中华民族思想的意识。儒家思想认为习武之人的武德主要应包含"仁、义、礼、信、勇"五个方面，所以要"学艺先学礼"，"学武先学德"，任何习武之人都应该从"道德""武德"和"礼""让"先学起来，所以在这样的文化环境中产生了拳礼。

武术礼仪中的抱拳礼要人们相互谦让、团结、尊重、互相学习，是武德、拳德的组成部分，也是中国的民俗特色。抱拳礼又称请拳、打拳之敬礼或抱揖。自己表演、对练开始或结束后的礼仪及武林人士见面或分别时常以抱拳为礼。行抱拳礼时须并步站立，头身正直，两眼恭敬地平视受礼者，并将左掌右拳抱于胸前，右拳棱与左掌四指根线相贴齐，左掌盖住右拳表示右拳不要动武，左掌大拇指向掌心内勾表示我谦虚不自大，两手抱于胸前表示我们来自五湖四海，大家要互相团结、帮助、爱护，共同为中华武术发扬光大而努力。过去习武者不以握手为礼，意在避免对方猜疑，也避免对方可能暗藏杀机如趁机握手时被其擒拿反关节，以证明双方光明正大。学会抱拳礼是非常容易的，但对其所包含的武德人品的修养之长期付诸行动却不是一件容易的事，所以值得人们发扬并代代相传。

# 武术套路竞赛的礼仪

### 抱拳礼

并步站立，左掌右拳在胸前相抱（左指根线与右拳棱相齐），高与胸齐，拳、掌与胸间距离为 20 厘米～ 30 厘米。

### 抱刀礼

并步站立，左手抱刀，屈臂抬起使刀横于胸前，刀刃向上；右手成掌，以掌心附于左手拇指第一指节上，高与胸齐，两手与胸间距离为 20 厘米～ 30 厘米。

### 持剑礼

并步站立，左手持剑，屈臂抬起使剑身贴前臂外侧斜横于胸前；右手成掌，以掌外沿附于左手食指根节，高与胸齐，两手与胸间距离为 20 厘米～ 30 厘米。

### 持枪（棍）礼

并步站立，右手持枪（棍）把段（靠把端三分之一处），屈臂置于胸前，枪（棍）身直立；左手成掌，附于右手拇指第二指节上，两手与胸间距离

抱拳礼　　　　　　抱刀礼　　　　　　持剑礼　　　　持枪（棍）礼

为 20 厘米～ 30 厘米。

运动员若持双器械，应将器械交一手执握，行抱刀礼或持剑礼、持枪（棍）礼；若不适合行礼时，则应两手持械面向裁判长立正行注目礼。其他器械参照以上各种礼仪执行。

当检录员检查器械或裁判长要求检查器械时，若是短器械，运动员应使器械尖朝下，将器械竖直，送给裁判人员；若是长器械，运动员则应使梢（尖）朝上，将器械竖直，递给裁判人员。

后记及参考书籍

# 后记

　　我想不好给这套拳该取个什么名称，最后考虑再三只好称其为"武术基础拳"。但是武术各拳种和流派当中都有自己的基础拳，虽然这套基础拳取材于长拳中的练步、功力、罗汉、八极、弹腿、查拳等拳术，但光是长拳中还有华拳、炮拳、花拳、戳脚、翻子、劈挂、通背、燕青等；更何况还有太极、形意、八卦等其他拳。但我想到一般年轻人和学生初次接触武术是学习像我所写的基础拳类型的长拳为多，和学其他拳术相比比较容易学习并接受。虽然各拳种流派中的拳各自有各自的特点，有些还存在着隔行如隔山的情况，但是它们也有共同之处。唯物辩证法讲共性存在于个性之中。开始先认真初学一种拳打个基础，这样既可以提高对武术的兴趣，也可以培养起对其他拳的触类旁通而方便再去学习其他拳。希望这本书能让广大读者们满意，同时也希望广大读者多提提宝贵意见。

吴维叔

2017 年 12 月于杭州

# 参考书籍

1.《中国武术咨询大全》，山东教育出版社 1997、年版，李成银编著。

2.《中国世界武术文化》，北京时事出版社 2007 年 8 月第二次印刷版，华博编著。

3.《少林功夫》，浙江人民出版社 2005 年 1 月第一版（第一次印刷），吕宏军、滕磊著。

4.《神奇的武术》，广西人民出版社，1991 年 11 月版，郑勤、田云清编著。

5.《浙江省传统武术资料集》，浙江省武术协会和浙江省对外体育交流中心主办，陈顺安主编。